ADMISSIONS

DANS

L'AÉRONAUTIQUE MILITAIRE

FRANÇAISE

Engagements. — Admissions directes au moment de l'incorporation du contingent. — Engagements spéciaux. Admission de sujets étrangers. — Avantages réservés au personnel navigant de l'Aéronautique Militaire.

PARIS

—

IMPRIMERIE-LIBRAIRIE MILITAIRE UNIVERSELLE
L. FOURNIER
264, Boulevard Saint-Germain, 264
(En face le Ministère de la Guerre)

—

1918

ADMISSIONS

DANS

L'AÉRONAUTIQUE MILITAIRE

FRANÇAISE

Engagements. — Admissions directes au moment de l'incorporation du contingent. — Engagements spéciaux. Admission de sujets étrangers. — Avantages réservés au personnel navigant de l'Aéronautique Militaire.

PARIS

IMPRIMERIE-LIBRAIRIE MILITAIRE UNIVERSELLE

L. FOURNIER

264, Boulevard Saint-Germain, 264

(En face le Ministère de la Guerre)

1918

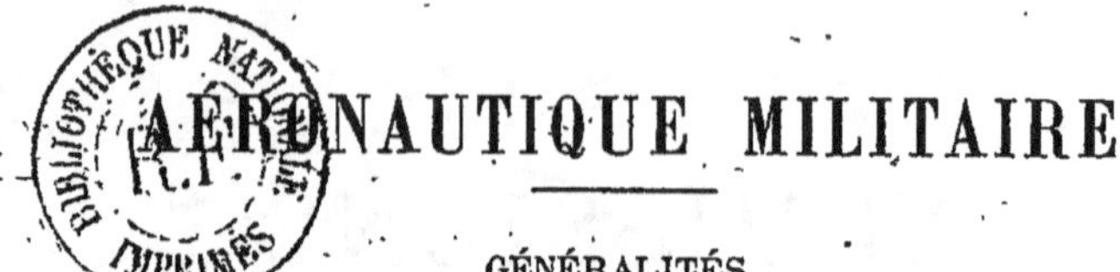

AÉRONAUTIQUE MILITAIRE

GÉNÉRALITÉS

L'Aéronautique militaire comprend deux branches : l'Aviation et l'Aérostation.

Dans chacune de ces branches existent deux catégories de personnel :

1° Le personnel navigant (pilotes d'avions, pilotes de ballons dirigeables, mécaniciens de ballons dirigeables, observateurs, mitrailleurs et canonniers en avion, etc...).

2° Le personnel non navigant qui comprend les professionnels techniciens et ouvriers de diverses spécialités utilisés tant à l'Intérieur qu'aux Armées pour les travaux de réparation et d'entretien du matériel, pour la surveillance et le contrôle de la fabrication en usine, etc..., et, d'autre part, les non professionnels, qui contribuent au service général (officiers d'encadrement, hommes du service auxiliaire, hommes du service armé appartenant à des classes anciennes ou inaptes au service de leur arme, engagés spéciaux).

**

L'Aéronautique militaire ne constitue une arme qu'en ce qui concerne la troupe. Les militaires qui servent, soit dans les troupes de l'Aviation, soit dans celles de l'Aérostation, ne peuvent en conséquence être promus au grade de sous-lieutenant qu'au titre de leur arme d'origine (infanterie, cavalerie, artillerie, génie, etc...).

Si ces militaires n'ont pas d'autre arme d'origine que l'Aéronautique, ils sont, le cas échéant, promus au grade de sous-lieutenant au titre de l'arme de l'infanterie.

Admissions dans l'Aéronautique militaire.

A. — ENGAGEMENTS VOLONTAIRES

1° Sujets français non encore appelés sous les drapeaux.

La note ci-après du Sous-Secrétariat d'Etat de l'Aéronautique militaire, précise les conditions dans lesquelles les jeunes gens de la classe 1920 peuvent être admis à contracter un engagement dans les troupes de l'Aéronautique militaire.

NOTE   20 mai 1918.

Les jeunes gens de la classe 1920, justifiant par un examen pratique s'il y a lieu, de connaissances professionnelles suffisantes, peuvent, suivant les besoins du service dans les diverses spécialités, être autorisés à contracter au titre des troupes de l'Aviation, un engagement pour 4 ans ou pour la durée de la guerre.

Les jeunes gens ayant contracté un engagement dans les conditions qui précèdent, sont dirigés sur le dépôt du premier Groupe d'Aviation à Dijon. A la suite d'un court séjour dans ce dépôt, ils sont répartis dans les Écoles d'Aviation de l'intérieur, puis envoyés, après perfectionnement professionnel, dans les formations de l'aviation des armées.

Ils ne sont pas détachés dans les usines.

Les demandes d'autorisation d'engagement sont adressées au Sous-Secrétaire d'Etat de l'Aéronautique militaire et maritime, 280, boulevard Saint-Germain. Ces demandes doivent indiquer la date de naissance des candidats, la durée de l'engagement qu'ils sollicitent et être appuyées de références (copies de certificats et brevets professionnels) permettant d'apprécier les aptitudes des intéressés.

Le personnel navigant de l'Aviation (élèves-pilotes, observateurs, mitrailleurs, etc.), est exclusivement recruté parmi les militaires sous les drapeaux. Il n'est pas accordé, en conséquence, d'autorisation d'engagements directs dans ce personnel.

Les dispositions qui précèdent sont applicables aux ajournés des classes antérieures à la classe 1920.

N. B. — **Les engagés volontaires peuvent être changés de corps ou d'arme suivant les nécessités du service.**

Les dispositions de cette note ne s'appliquent pas aux jeunes gens des classes postérieures à la classe 1920, lesquels ne sont pas admis jusqu'ici, par voie d'engagement, dans l'Aéronautique.

Par contre, ces dispositions sont applicables aux ajournés et exemptés qui seraient susceptibles de contracter un engagement au titre du *service armé*. (Voir ci-après les dispositions relatives aux engagements spéciaux).

Les candidats exerçant uniquement les spécialités suivantes : dessinateurs, employés de bureau, photographes, conducteurs d'automobiles, cyclistes, motocyclistes, ne sont pas admis à contracter un engagement au titre du service armé dans les troupes de l'Aéronautique.

Il en est de même des candidats exerçant une spécialité non utilisable dans ces troupes, mouleurs, imprimeurs, boulangers, bouchers, etc.

*
* *

2° Sujets français ajournés, hommes dégagés d'obligations militaires.

Les ajournés ne peuvent être admis à contracter un engagement qu'au titre du service armé. Les dispositions qui précèdent leur sont applicables.

Les hommes dégagés d'obligations militaires, par leur âge, par suite d'exemption, de réforme temporaire ou définitive, peuvent être admis à contracter l'engagement spécial prévu par la loi du 17 août 1915, dite loi Dalbiez.

Les intéressés ont le choix de leur résidence et de l'emploi qu'ils sont désireux de remplir dans le personnel non navigant de l'Aéronautique.

Les candidats doivent, en conséquence, en ce qui concerne l'Aéronautique, adresser leur demande au chef du Corps, de l'Etablissement ou du Service de l'Aviation ou de l'Aérostation au titre duquel ils désirent servir, avec un certificat de position militaire et des références permettant d'apprécier leurs aptitudes à l'emploi qu'ils sollicitent.

Un examen professionnel est, en principe, exigé.

Les engagés spéciaux ont la faculté de demander à servir dans les formations aéronautiques de la zone des Armées.

Les candidats à un engagement spécial au titre du personnel navigant, doivent adresser leur demande au Sous-Secrétaire d'Etat de l'Aéronautique, 280, boulevard Saint-Germain, à Paris, avec tous renseignements utiles sur leurs aptitudes professionnelles et sportives et sur leurs services militaires antérieurs. Ils doivent, en outre, mentionner leur âge et leur poids, ainsi que l'affectation qu'ils sollicitent (élèves-plotes, élèves-mitrailleurs en avion).

Les conditions d'aptitude physique exigées sont énumérées dans la circulaire du 23 juin 1918, ci-après, p. 7.

Ces derniers engagements ne sont accordés qu'à titre exceptionnel.

B. — AFFECTATION DIRECTE DANS LES TROUPES DE L'AÉRONAUTIQUE DE JEUNES GENS APPELÉS SOUS LES DRAPEAUX

Une certaine quantité de jeunes gens des différentes classes est incorporée directement dans les troupes de l'Aéronautique (Aviation et Aérostation), au moment de l'appel de ces classes sous les drapeaux.

Une note est insérée en temps opportun au *Journal Officiel*, au sujet des conditions dans lesquelles les candidats doivent présenter leurs demandes d'affectation.

D'après les règles observées antérieurement à ce sujet, nous pouvons dès maintenant renseigner les candidats.

Les affectations directes dans l'Aéronautique concernent des jeunes gens remplissant les conditions exigées pour un engagement. (Voir page 3).

Les candidats doivent adresser leur demande au Sous-Secrétaire d'Etat de l'Aéronautique militaire, 280, boulevard Saint-Germain, à Paris, dès qu'ils sont informés de l'appel de leur classe et sans attendre leur présentation devant le conseil de révision.

Ces demandes doivent être ainsi conçues :

A M. le Sous-Secrétaire d'Etat de l'Aéronautique militaire,
280, boulevard Saint-Germain, à Paris.

Je soussigné (nom et prénoms), sujet Français de la classe..............., domicilié à............................, canton de (1)..............., bureau de recrutement de (2).............., demeurant actuellement à (3).............., demande à être incorporé dans les troupes de l'Aéronautique (4).............. au moment de l'appel de ma classe sous les drapeaux.

J'exerce effectivement la profession de.............., et suis prêt à effectuer un essai professionnel.

Mes références sont les suivantes :

(5) ....

....

(6)

(1) Arrondissement pour les grandes villes.
(2) Recrutement du domicile légal.
(3) Adresse.
(4) Porter une des indications Aviation ou Aérostation, suivant les préférences du candidat à qui satisfaction est donnée suivant les possibilités.
(5) Ci-après un exemple des indications à donner.
Ecole professionnelle de Vierzon du.............. au..............
Ajusteur mécanicien à la Maison.............. à..............
du.............. au..............
Ajusteur mécanicien à la Maison.............. à..............
du.............. au..............
ou
Apprenti tourneur à la Maison.............. à..............
du.............. au..............
etc...
Ces indications doivent être données très exactement tant en ce qui concerne l'indication de la spécialité, qu'au sujet des périodes d'instruction professionnelle, d'apprentissage et de travail.
(6) Signature.

C. — Engagements volontaires de sujets étrangers

Les sujets étrangers ne sont admis qu'à titre exceptionnel à servir dans l'Aéronautique militaire.

Les candidats à cette admission doivent adresser leur demande au Sous-Secrétaire d'Etat de l'Aéronautique, 280, boulevard Saint-Germain, à Paris.

Ces demandes doivent indiquer l'âge des candidats et contenir avec tous renseignements utiles sur leurs aptitudes professionnelles et sportives, l'indication de l'emploi sollicité par les intéressés.

Les sujets étrangers ne sont pas admis jusqu'ici à contracter dans l'armée française, l'engagement spécial prévu par la loi Dalbiez.

D. — Affectation dans l'Aéronautique de militaires sous les drapeaux

Les militaires sous les drapeaux peuvent être admis dans l'Aéronautique à la suite de demandes présentées dans les conditions fixées par la Circulaire du 23 juin 1918, ci-après :

MINISTÈRE **DE LA GUERRE** *S.-Secrétariat d'Etat* *de l'Aéronautique* *Militaire et Maritime* 4ᵉ Bureau. 5.932-4 C/12	RÉPUBLIQUE FRANÇAISE Paris, le 23 juin 1918. *Circulaire relative à l'établissement et à la transmission des demandes d'admission dans le personnel de toutes catégories de l'Aéronautique militaire.*

A. — Zone de l'Intérieur

I. — Aucune demande formulée par les militaires de tous grades, de la zone de l'intérieur, pour être admis *à un titre quelconque*, dans le personnel de l'Aéronautique militaire, ne peut être arrêtée dans sa transmission. Toutes les demandes, sans exception, doivent être adressées et transmises en tous temps, *directement et sans aucune exception* (1) au Sous-Secrétaire d'Etat de l'Aéronautique militaire (4° Bureau), 280, boulevard Saint-Germain, par les commandants des dépôts ou les chefs de service, sous les ordres desquels sont placés les intéressés (2).

II. — *Documents à fournir par les intéressés :*

a) *Personnel navigant.* (Elèves-pilotes, observateurs (3), mitrailleurs, bombardiers, canonniers).

1° Demande de l'intéressé, conforme au modèle de l'Annexe n° 1 ;

2° Certificat médical de visite et de contre-visite établi conformément aux prescriptions de l'annexe n° 2 ;

3° Etat signalétique et des services ;

4° Relevé des punitions ;

5° Notice du modèle de l'Annexe n° 3 ;

b) *Personnel non navigant.* (Officiers, sous-officiers et caporaux d'encadrement, ouvriers en fer et en bois de toutes catégories, conducteurs d'automobiles, armuriers, artificiers, selliers, bourreliers, tapissiers, voiliers, cordiers, vanniers, photographes, dessinateurs industriels, etc...).

1° Demande de l'intéressé, conforme au modèle de l'Annexe n° 1 ;

2° Certificat médical de visite et de contre-visite indiquant si le candidat est apte ou inapte à l'arme à laquelle il appartient et, dans ce dernier cas, le détail des maladies, blessures ou infirmités le rendant inapte, avec indication de la durée probable de l'inaptitude ;

3° Etat signalétique et des services ;

4° Relevé des punitions ;

5° S'il y a lieu, certificats professionnels permettant de se rendre compte des aptitudes du candidat à l'emploi qu'il sollicite ;

6° Notice du modèle de l'Annexe n° 3.

---

(1) Toutefois, les demandes formulées par les militaires du Service Automobile devront être adressées au Ministre de la Guerre (3° Direction, Sous-Direction du Service Automobile).

(2) Instruction du 18 janvier 1916, sur la décentralisation administrative et la simplification des écritures et de la correspondance (B. O. P. P., p. 165).

(3) Recrutés en principe parmi les officiers.

B. — Zone des Armées

I. — Les demandes de toutes natures formulées par les militaires, de tous grades, de la zone des Armées, pour être admis dans le personnel de l'Aéronautique comme élève-pilote, observateurs, mitrailleurs, bombardier, canonnier, ouvrier en fer ou en bois de toutes catégories, armurier, électricien, photographe et dessinateur industriel (1), seront adressées, *sans exception*, par la voie hiérarchique, au général commandant l'Armée.

Les demandes seront annotées par le Commandant de l'Aéronautique de l'Armée, qui pourra, s'il le juge utile, faire convoquer l'intéressé en vue de le soumettre à un examen destiné à s'assurer qu'il possède les aptitudes voulues pour l'emploi sollicité.

Tous les dossiers qui seront favorablement annotés par le Commandant de l'Armée, seront transmis au Général Commandant en chef.

II. — *Documents à fournir par les intéressés :*

Ces documents sont les mêmes que ceux énumérés à l'alinéa *a*) « Personnel navigant » et à l'alinéa *b*) « Personnel non navigant » de l'article II, du paragraphe A ci-dessus.

C. — Documents abrogés

Sont abrogées, toutes les dispositions contraires à la présente circulaire, et notamment la Circulaire du 20 juin 1917, insérée au *Bulletin Officiel*, page 1907.

J.-L. Dumesnil.

---

(1) Les photographes et les dessinateurs industriels doivent appartenir aux classes 1902 et plus anciennes ou être du service auxiliaire.

ANNEXE N° 1

<table>
<tr><td>.....° RÉGION
ou
GOUVERNEMENT MILITAIRE de................
——————
Dépôt du
...° RÉGIMENT DE...............</td><td>Pour
la zone
de
l'Intérieur</td></tr>
<tr><td>...° RÉGIMENT DE................
...° BATAILLON DE..............</td><td>Pour
la zone
des Armées.</td></tr>
</table>

(1) Grade, noms et prénoms.
(2) Classe de mobilisation.
(3) Elève-pilote, observateur, mitrailleur, bombardier, ouvrier en fer, etc...

———————, le——————191——.

Le (1)..

classe (2)—————————— à M. le Sous-Secrétaire d'Etat de l'Aéronautique (4° Bureau),

ou

à M. le Général Commandant la ....° Armée.

Je sollicite mon affectation, dans le personnel de l'Aéronautique militaire, à titre de (3)..

Avis motivé : { du Chef de Corps ;
{ du Commandant du Dépôt du............................
{ du Chef de Service.

NOTA. — A l'appui de la demande, devront être joints les documents dont la production est prescrite par les alinéas *a)* ou *b)* de la Circulaire ci-dessus.

CONDITIONS D'APTITUDE PHYSIQUE

POUR POUVOIR ÊTRE ADMIS DANS LE PERSONNEL NAVIGANT
DE L'AÉRONAUTIQUE

L'aptitude à exiger du personnel navigant de l'Aviation comporte, *en plus des conditions générales d'aptitude au service militaire, service armé*, les conditions particulières suivantes, étant précisé qu'aucun militaire du service auxiliaire ne peut être admis parmi ce personnel.

1° Organes de la respiration et de la circulation : état d'intégrité absolue ;

2° Appareil visuel :

a) Une acuité visuelle normale, sans correction ;

b) Une vision binoculaire normale ;

c) Un champ visuel normalement étendu pour le blanc et les couleurs ;

d) Un sens chromatique normal.

L'examen relatif à l'appareil de la vision devra être pratiqué par un ophtalmologiste qualifié, toutes les fois que le médecin du Corps ou du Service ne sera pas en mesure de donner une appréciation sur le candidat.

3° Appareil auditif :

Une acuité auditive normale de chaque oreille, avec état d'intégrité de l'oreille moyenne et interne, et en particulier de l'appareil d'équilibration.

4° Rhino-pharynx :

Absence de toute lésion inflammatoire chronique.

5° Poids :

85 kilogrammes maximum pour les pilotes ;

75 kilogrammes maximum pour les observateurs, bombardiers, mitrailleurs.

Le poids s'entend, le candidat étant habillé, mais sans équipement.

Ces conditions d'aptitude physique sont requises avec moins de rigueur pour les candidats aux emplois de pilotes de dirigeables et pour les aéronautes.

ANNEXE N° 3

<table>
<tr><td>

....^e RÉGION
ou
GOUVERNEMENT MILITAIRE de................
——————
Dépôt du
....^e RÉGIMENT DE................
——————

</td><td>

} Pour
la zone
de
l'Intérieur

</td></tr>
<tr><td>

....^e RÉGIMENT DE................
....^e BATAILLON DE................
——————

</td><td>

} Pour
la zone
des Armées.

</td></tr>
</table>

(1) Grade, noms et prénoms.
(2) Elève-pilote, observateur, mitrailleur, bombardier, ouvrier en fer, etc...
(3) Le chef de Corps, le commandant du Dépôt, le chef de Service, etc...

NOTICE DE RENSEIGNEMENTS

concernant le (1).. qui demande à être admis dans le personnel de l'Aéronautique militaire à titre de (2)................

Situation militaire (a) ;
Age du candidat :
Profession dans la vie civile :
Instruction générale (b) :
Instruction militaire (b) :
Instruction aéronautique reçue précédemment :
Antécédents sportifs (c) :
Connaissances professionnelles :
Aptitudes à recevoir l'instruction sur le fonctionnement
   des appareils de T. S. F. (d) :
Conduite et manière habituelle de servir :

.... le .... 191....

Le (3)..

NOTA. — L'âge limite, au-dessus duquel il ne sera fait aucune désignation dans le personnel navigant (pilotes) est fixé à 30 ans.

(a) Pour un officier, indiquer s'il est de l'active, de la réserve de l'armée active ou de l'armée territoriale, et s'il possède son grade à titre temporaire ou à titre définitif.

Pour un homme de troupe (sous-officier, caporal, brigadier ou soldat), spécifier si le candidat appartient au service armé ou au service auxiliaire.

(b) Les commandants de Dépôts, chefs de Services, etc.., mentionneront, en ce qui concerne les élèves-pilotes : 1° s'ils possèdent les connaissances exigées pour l'obtention du certificat d'études primaires ; 2° s'ils ont les connaissances pratiques du service en campagne, exigées des candidats caporaux ou brigadiers.

(c) Pour les candidats au personnel navigant seulement. Ces renseignements ayant une grande importance au point de vue de la désignation des candidats, doivent être aussi détaillés que possible.

(d) Pour les candidats au personnel navigant seulement.

Les désignations d'élèves-pilotes à faire porteront dès maintenant sur 300 jeunes gens de la classe 1919, conformément à la circulaire ci-après :

<table>
<tr><td>MINISTÈRE
DE LA GUERRE</td><td>RÉPUBLIQUE FRANÇAISE</td></tr>
<tr><td>S.-Secrétariat d'Etat
de l'Aéronautique
Militaire et Maritime</td><td>Paris, le 8 juin 1918.</td></tr>
<tr><td>4ᵉ Bureau.

5.384-4. C/12</td><td>Circulaire relative à l'admission dans l'Aviation comme élèves-pilotes de militaires de la classe 1919.</td></tr>
</table>

Le Service de l'Aéronautique acceptera, en qualité d'élèves-pilotes aviateurs, des militaires de la classe 1919, jusqu'à concurrence du nombre de 300, qui ne sera pas dépassé.

Les candidats choisis sont destinés à piloter uniquement des avions de chasse, à l'exclusion des avions de reconnaissance et de bombardement.

Avant leur admission définitive, pour laquelle on tiendra le plus grand compte des antécédents sportifs, ils seront soumis à des examens médicaux très sévères, destinés à s'assurer qu'ils possèdent de façon complète toutes les aptitudes physiques voulues.

Leur instruction devra se poursuivre de façon régulière et de telle sorte qu'on puisse avoir la certitude que ces militaires auront plus tard tout l'allant nécessaire pour piloter un avion de combat.

En cas d'inaptitude constatée après la désignation, les intéressés seront obligatoirement renvoyés sur leur formation d'origine, sans qu'il puisse y avoir passage dans l'Aviation, soit de reconnaissance, soit de bombardement.

Leur instruction dans les Ecoles terminée, ils seront dirigés sur le front nord et nord-est. Aucune exception, quelle qu'elle soit, ne sera faite à cette dernière prescription.

Les demandes seront établies conformément aux dispositions de la Circulaire du 20 juin 1917 (1), insérée au *Journal Officiel* du 5 juillet.

Elles seront toutes obligatoirement transmises au Sous-

---

(1) Remplacer par celle du 23 juin 1918 donnée ci-dessus.

Secrétaire d'Etat de l'Aéronautique militaire et maritime (4ᵉ Bureau), qui prendra une décision à leur égard. -

Une circulaire ultérieure fera connaître la date à laquelle le chiffre de 300 désignations étant atteint, il y aura lieu de ne plus transmettre de demandes.

J.-L. DUMESNIL.

E. — AVANTAGES RÉSERVÉS AU PERSONNEL-SERVANT DANS L'AÉRONAUTIQUE

1° Indemnités spéciales allouées au personnel navigant.

Les pilotes aviateurs, les pilotes et les mécaniciens de ballon dirigeable, pourvus du brevet de leur spécialité perçoivent l'indemnité de fonctions n° 1.

Les observateurs en avion, les élèves-pilotes, les militaires autres que ceux visés à l'alinéa qui précède, qui effectuent des vols en aéroplane ou des ascensions en ballon dirigeable, perçoivent l'indemnité de fonctions n° 2.

L'allocation de ces indemnités est subordonnée à l'accomplissement de services aériens ou d'épreuves fixées par des instructions données par le Sous-Secrétaire d'Etat de l'Aéronautique.

Le montant de ces indemnités est indiqué ci-après :

GRADES	INDEMNITÉS DE FONCTIONS	
	N° 1 par jour	N° 2 par jour
Officiers	10 »	5 »
Adjudants chefs, aspirants, adjudant....	5 »	2 50
Autres sous-officiers	4 »	2 »
Caporaux et soldats	2 »	1 »

2° Primes de travail.

Des primes de travail sont allouées au personnel ouvrier de l'Aéronautique.

Elles comprennent une prime fixe de 0 fr. 75 par jour et

une prime supplémentaire exceptionnelle dont le taux peut. atteindre 1 fr. 50 par jour.

3° Bonifications du Service pour services aériens commandés

Le personnel navigant de l'aéronautique bénéficie de bonifications de services dans les conditions suivantes :
1 an pour l'obtention du brevet de pilote aviateur.
6 mois pour le brevet de pilote de ballon dirigeable.
3 mois pour la participation à des exercices spéciaux.
6 mois pour une année passée dans le personnel navigant.
Toutefois ces bonifications ne sont attribuées qu'en temps de paix.

4° Blessures reçues en service aérien commandé.

Les blessures reçues en service aérien commandé sont comptées comme blessures de guerre dans le décompte des annuités pour la décoration (Légion d'honneur et Médaille militaire).

AVANCEMENT. — DÉCORATIONS

Les militaires servant dans l'Aéronautique concourent comme les militaires de toutes armes, pour l'avancement et les décorations.

Les élèves-pilotes et les mitrailleurs détachés ne peuvent recevoir d'avancement au titre du personnel navigant qu'après obtention du brevet correspondant à leur emploi.

Les militaires de l'Aéronautique, candidats au grade d'aspirant, reçoivent dans une autre arme, les instructions nécessaires.

Il n'existe pas d'aspirants de l'Aéronautique puisqu'il n'y a pas d'officiers de l'Aéronautique.

N. B. — Les personnes désireuses d'obtenir des renseignements complémentaires au sujet de questions d'ordre général (1) relatives à l'Aéronautique militaire, pourront s'adresser à la Librairie Fournier, en joignant à leur demande un timbre pour la réponse.

---

(1) Explication des Textes, interprétations, etc.

Impr.-Libr. Militaire Universelle L. FOURNIER, 264, Boulev. Saint-Germain, Paris

www.ingramcontent.com/pod-product-compliance
Lightning Source LLC
LaVergne TN
LVHW010053060726
842524LV00006B/2171